NOTICE

SUR

SAINT-SAMSON DE POMONT

ANCIENNE PAROISSE AUJOURD'HUI RÉUNIE A CISAY

AVEC GRAVURES

PAR

M. L'ABBÉ DUPONT

Curé de la Trinité-des-Lettiers.

En vente chez M. LÉPINE

LIBRAIRE A GACÉ

—

1902

NOTICE

SUR

SAINT-SAMSON DE POMONT

NOTICE

SUR

SAINT-SAMSON DE POMONT

L'ancienne paroisse aujourd'hui réunie a Cisay

AVEC GRAVURES

PAR

M. L'abbé DUPONT

Curé de la Trinité-des-Lettiers.

En vente chez M. LÉPINE

LIBRAIRE A GACÉ

—

1902

IMPRIMATUR

Séez, le 27 Janvier 1902.

L. Dumaine,
v. g.

AUX LECTEURS

———

Pomont n'a pas toujours été le paisible village que nous connaissons.

Ce petit vallon, aux siècles passés, a eu son heure d'activité et de gloire.

Le dimanche — matin et soir — la cloche carillonnait joyeusement ; à cet appel, les pieux fidèles accouraient vers l'église, heureux de se revoir et de prier Dieu. Après l'office, chacun parlait de ses affaires et reprenait gaiement le chemin du village.

C'était le bon vieux temps.

Chaque demeure avait aussi ses fêtes ; mais aucun villageois ne surpassa Messire le Carbonnier, lorsqu'il s'agit de célébrer le baptême d'un nouveau-né ou le mariage d'une jeune épousée.

Les familles de la Rouveraye, du Valpoutrel, le Cerf, Legrix, du Hamel, etc., rencontrèrent dans le village des amitiés durables et de précieuses alliances.

Survint la Révolution, qui, voulant réformer les abus, troubla les esprits, appauvrit les habitants et parvint à supprimer la paroisse.

Nous avons essayé, dans cette courte notice (1), de réunir quelques-uns de ces souvenirs d'un passé glorieux et de les préserver de l'oubli.

Puissions-nous avoir atteint notre but !

(1) Sauf quelques rares exceptions, les faits mentionnés ici ont eu pour source principale les registres de la paroisse et de la commune de Pomont, — 1662 à 1821. —

ÉGLISE DE POUMON

D'après une carte du pays d'Ouche dressée à la Genevraye. en 1738, par Pierre Jubé, prêtre
(*Archives de l'Orne*, II., 810).

NOTICE

SUR

SAINT-SAMSON DE POMONT

CHAPITRE PREMIER

Pomont. — Ses antiquités.

Pomont est une ancienne paroisse réunie à Cisay (1) depuis le Concordat.

Son nom vient du latin *pes montis* et signifie pied de mont. — Les anciens l'ont successivement appelé Piémont, Poumon, Posmont et Pomont.

Le voyageur, qui suit le sentier du hameau solitaire, arrête volontiers sa course pour admirer le gracieux vallon qui se déroule à ses pieds, entre le Mont-Cel (*mons celsus*) et la colline d'Orgères, jusqu'à l'antique manoir des Roncherolles avec ses murs sombres et sa tour en poivrière.

Outre la bourgade, la paroisse de Pomont com-

(1) Canton de Gacé, Orne.

prenait trois villages : la Beuvinière, le Buisson et la Gérardière ; elle comptait 120 habitants, dont 25 occupaient les maisons voisines de l'église.

Au commencement du xiᵉ siècle, les terres de Pomont, situées aux portes d'Échauffour, étaient une dépendance de la seigneurie de cette localité et appartenaient à un chevalier puissant en Normandie, nommé Helgon ; celui-ci les céda à Giroie, fils d'Ernauld-le-Gros, de Courserault, qui avait pour père le Breton Abbon.

« Giroie s'informa aux habitants du lieu à quel évêché ils appartenaient : ils assurèrent qu'ils ne relevaient d'aucun évêque. Alors, il s'exprima en ces termes : C'est une grande injustice ; loin de moi l'idée de vivre sans pasteur et hors du joug de la discipline ecclésiastique. Ensuite il rechercha quel était le plus religieux des évêques du voisinage. Ayant reconnu les vertus de Roger, évêque de Lisieux, il lui soumit toutes ses terres (1). »

La paroisse de Pomont faisait donc partie du diocèse de Lisieux et appartenait à l'archidiaconé et au doyenné de Gacé.

Enfin, elle avait pour limites, au nord, l'ancienne paroisse de Saint-Aubin ; à l'est, la Trinité-des-Lettiers et la forêt de Saint-Évroult ; au sud, Échauffour, et à l'ouest, Orgères.

L'origine des paroisses remonte à une trop haute

____

(1) Orderic Vital, livre III.

antiquité pour qu'il soit possible de préciser, d'une manière certaine, la fondation de Pomont.

L'an 1050 de l'Incarnation du Sauveur, Giroie bâtit l'église d'Échauffour et en permit l'entrée aux habitants du voisinage désireux de remplir leurs devoirs religieux. Pomont, qui était proche de cette place, suivit l'usage établi.

Le héros dont nous avons parlé eut une nombreuse famille, dont tous les membres héritèrent des qualités de leur père. Orderic Vital (1) nous les montre habiles et courageux dans les combats, terribles à l'ennemi et généreux envers l'Église, son culte et ses ministres.

A cette époque la foi était robuste chez nos preux chevaliers.

Avides de gloire et d'aventures, ils s'enrôlèrent dans la guerre sainte, et s'en allèrent, au loin, combattre les Infidèles pour le Christ et son tombeau.

L'histoire des Croisades raconte les exploits de ces guerriers intrépides et les promesses qu'ils firent à Dieu, au moment du péril, de bâtir sur leurs terres églises et monastères.

La famille de Giroie serait-elle restée indifférente à cette pieuse entreprise? Le récit d'Orderic Vital ne permet pas de le supposer.

(1) ORDERIC VITAL, moine de l'abbaye de Saint-Évroult et auteur d'une *Histoire de Normandie*.

Mais laissons la poésie nousrapp eler ces souvenirs :

Au temps où le chrétien luttait en Palestine
Contre le Musulman, un dévot chevalier
Fit le vœu de bâtir, au pied de la colline,
Une église où la foule aimerait à prier.

Notre guerrier revint de son lointain voyage ;
Il était sain et sauf : le temple fut fondé.
A la place d'honneur il suspendit l'image
Du bienheureux Samson (1), son patron bien-aimé.

Un nom seul convenait à ce pieux ermitage
Entouré de coteaux : on l'appela Pomont.
Ce nom, depuis ce jour, désigne le village
Dont le site rappelle et Montfort et Chaumont.

---

(1) Saint Samson était un évêque breton. — Il est donc naturel
que ce saint ait été choisi comme patron d'une église, bâtie par
l'un des descendants de Giroie dont l'aïeule maternelle était née
en Bretagne.

CHAPITRE II

Église de Pomont.

L'église de Pomont appartient à l'architecture du xiii° siècle. — Une fenêtre à lancettes géminées, qui existe encore et qui semble contemporaine de l'édifice, indique cette époque.

Au xvi° siècle, une nouvelle ouverture fut ajoutée à la première.

Ainsi éclairé, le temple n'offrait aux fidèles assemblés qu'une lumière insuffisante.

Au midi, une porte encadrée dans une ogive était la seule entrée réservée au public.

L'église mesurait 10^m,12 de long et 7^m,82 environ de large.

Le clocher apparaissait au-dessus de la toiture avec son campanile quadrangulaire et sa flèche élancée.

Les pierres qui avaient été employées à la construction provenaient des carrières d'Échauffour et du Merlerault.

A l'intérieur, on remarquait deux petits autels : l'un était dédié à la Sainte Vierge, l'autre à saint

Fiacre, patron des jardiniers et des laboureurs.

Le premier banc placé devant l'autel de la Vierge était occupé par le seigneur du lieu, patron de la paroisse.

Telle était l'église de Pomont, lorsque la Révolution la dépouilla de ses ornements, autels, statues et boiseries. Aujourd'hui, après un abandon qui a duré cent ans, elle ne présente plus aux regards attristés que l'aspect d'un vaste grenier où les fourrages de la ferme voisine trouvent un abri facile.

Confréries.

Au commencement du xvııı° siècle, trois confréries étaient établies à Pomont :

1° La confrérie de la Nativité de la Sainte Vierge.

2° La confrérie de Saint-Samson.

3° La confrérie de Saint-Fiacre.

Tous les habitants de la paroisse, hommes et femmes, étaient admis dans ces pieuses associations.

Après une épreuve de quelques mois et avec le consentement des dignitaires ou membres du conseil, les postulants étaient définitivement reçus au nombre des associés.

Ils s'engageaient à pratiquer les vertus chrétiennes le plus parfaitement possible, à honorer leur saint Patron et à célébrer sa fête avec solennité.

La communion pascale était de rigueur.

Chaque année, les membres de la confrérie se réunissaient à l'église sous la présidence du directeur spirituel pour nommer leurs dignitaires et pour désigner, avec le poids des cierges, les personnes qui devaient les offrir.

Les résultats de l'une de ces délibérations sont inscrits en ces termes sur les registres paroissiaux :

1° Les cierges de la confrérie de Saint-Samson ont été mis à prix pour 1713, sçavoir : le cierge du roy, par François le Carbonnier, écuier, sieur du Framboisier, à 3 livres.

Le cierge de la reine, par François le Sage, à 5 livres un quarteron.

Le bâton, par la grande Jeanne, à 3 livres un quarteron.

2° Les cierges de la confrérie de la Nativité de la Sainte Vierge ont été mis à prix pour l'année 1713, sçavoir : le cierge du roy, par Nicolas Letellier, à 1 livre et demie.

Le cierge de la reine, par Marie Avenant, à 1 livre et demie.

Le bâton, par Pierre Bunel, à 1 livre et demie.

3° Les cierges de la confrérie de Saint-Fiacre, pour l'an 1713, mis à prix, sçavoir : le cierge du roy, par Nicolas Avenant, à 1 livre et demie.

Le cierge de la reine, aussi, à 1 livre et demie.

Le bâton, par Jacques Letellier, à 1 livre et demie.

Sépultures.

Le terrain qui entourait l'église servait de sépulture habituelle aux habitants de Pomont.

Plusieurs inhumations eurent lieu dans l'église ; mais pour obtenir cette faveur, la famille du défunt devait s'imposer quelque sacrifice en faveur du temple.

Nous citerons les noms de ces heureux privilégiés depuis 1696 :

1° Simon AVENANT, le 2 juin 1696.

2° Louis LE SAGE, le 18 juin 1700.

3° Louis GERARD, le 13 novembre 1703.

4° Nicolas LE SAGE, le 8 septembre 1705.

5° Charles LE SAGE, le 31 décembre 1705.

6° Typhanne LE SAGE, le 8 mars 1706.

7° Louise BUNEL, le 25 juillet 1707.

8° Françoise LE CARBONNIER, le 2 juillet 1708.

9° Dorothée LE CARBONNIER, le 16 avril 1709.

10° Anne LEGUERNEY, femme de feu Jean le Sage, en son vivant servante chez M. du Breuil, de la paroisse de Saint-Aubin, a été inhumée en l'église de Pomont, lieu de sa naissance, le 19 janvier 1714.

11° La femme DUBOIS, veuve de Jacques Letellier, le 24 février 1719.

12° Ce mercredi, 8 décembre 1728, mourut Me André LAISNÉ, prêtre, curé de Pomont, et fut, le jeudi du dit mois et an, inhumé dans le chœur de l'église par Me Jacques Son, prêtre, curé des Lettiers, assisté de la Charité de Gacey.

13° Le lundi 21 mars 1768, le corps de Me Guillaume BOSCHER, prêtre et depuis 40 ans curé de cette paroisse, décédé d'hier, âgé de 78 ans, a été inhumé dans le chœur de cette église par M. le curé de Rezanlieu, doyen de Gacé, assisté des Frères de la Charité de Saint-André d'Échauffour, en présence de M° Jacques Boscher, curé des Astelles, Jacques Mangon, curé de Sainte-Gauburge, et Jean Porier, curé d'Orgères.

Location des bancs.

A la fin du xvii° siècle, les bancs de l'église étaient mis à l'enchère et fieffés, ainsi que le constatent deux documents rédigés sous le ministère de M° Jacques Anfrie, curé de Pomont :

I. — ... fut présent Charles Letellier, de la paroisse de Pomont, en vertu de l'ordonnance de Monsieur l'Archidiacre, en date du 24 août dernier passé, qui ordonne que tous les bancs soient bannis (mis à l'enchère) hors de l'église et fieffés. — Lequel Charles Letellier nous ayant requis de bannir la première place d'après celle du seigneur, devant l'autel de la Vierge, elle a été par lui mise à prix à quinze sols de rente, — chacun an. — Laquelle place nous avons bannie par trois tours de dimanches consécutifs, à commencer la première (fois) le dimanche, 23 décembre, et continuer de dimanche en dimanche ; et, ne s'étant trouvé aucune enchère, nous l'avons adjugée au dit Letellier, qui nous a signé ou marqué le présent, pour servir de titre à l'église de ce lieu, en attendant la fieffe qu'il en promet faire à la première visite de Monsieur l'Archidiacre en l'église de ce lieu. — Et cependant la dite rente de 15 sols commence le 1er jour de février dernier.

Fait en présence de Louis Gerard, Jacques Leprevost,
d'Echauffour, témoins qui ont signé ou marqué avec nous.
Le 24ᵉ jour de mars...

II. — ... Le même jour, 24ᵉ jour de mars, nous sous-
signé, curé de Pomont, s'est présentée Catherine Gorge,
veuve de Nicolas le Sage, qui a, pour une année de fieffe
qu'elle fit, le 24ᵉ jour d'aoust passé, devant Monsieur l'Archidiacre, une pierre de viron un pied de quarré qui est à
l'intérieur de l'église dudit lieu dans l'allée, au bout du
banc, pour qu'elle promet en passer fieffe, à la première
visite de Monsieur l'Archidiacre et qu'elle demande par le
présent à en jouir sa vie durante, en payant les dits cinq
sols de rente et autres droits, et y être inhumée après sa
mort.

En présence de Jacques Leprevost et Jacques Bunel,
témoins qui ont signé.

Les cinq sols ont été mis au tronc du trésor.

Ont marqué ou signé : Catherine GORGE, G. PRÉVOST,
J. BUNEL, G. ANFRIE, curé.

Assemblées communales.

Chaque année, les habitants de Pomont se réunissaient sur le Friche, — terrain vague situé près
du cimetière, — et, sous la présidence de leur curé,
imposaient aux familles la part qu'elles devaient
prendre dans les charges ou dépenses de la paroisse.

Le compte rendu de ces séances nous apprend
que les villageois, avant la Révolution, adminis-
traient leurs affaires temporelles avec la liberté la
plus entière et le désintéressement le plus absolu.

I. — L'an 1712, le 25 septembre, à l'issue des vespres, nous, Louis Gerard, prêtre, desservant, les habitants de ce lieu se sont assemblés pour délibérer des affaires de leur communauté ; lesquels représentés par François le Sage, Jacques, Jean et Nicolas Letellier, Nicolas Avenant ; lesquels, pour satisfaire aux ordres du Roy, ont nommé des collecteurs pour faire la cueillette des dîmes et de la taille ou autres impositions de l'année 1713, — sçavoir : Louis Boutelet pour collecteur porte-bourse et pour ses consorts Jacques Letellier pour second et Charles Letellier pour troisième.

Depuis les délibérations, Jacques Letellier ayant refusé cet emploi fut remplacé par Charles Repichon.

Fait et arresté ce 25 septembre au dit an que dessus, en présence de Jean Basire, de la paroisse de Sainte-Gauburge, et demeurant en ce lieu.

II. — Devant nous, Louis Gerard, prêtre, curé de ce lieu de Posmont, les paroissiens du dit lieu se sont assemblés, en forme de commun ou général, pour délibérer des affaires de leur communauté. — Les dits habitants représentés par Nicolas et Marin Avenant, Adrien et Jacques Charpentier, Louis Boutelet, Louis Gerard, Jacques, Pierre et Nicolas Letellier et autres qui ont signé ou marqué.

Lesquels, après avoir mûrement délibéré, ont donné à enrôler ou dérôler pour l'année 1718, sçavoir :

1° A enrôler : — Les faisants valoir la ferme de M. de Framboisier affermée par trente livres.

2° Le pré de Fournesier, pièce de terre en herbage, nommée le fournesier, affermée par trente livres dix sols.

3° La nommée Charles Repichon.

4° Les faisants valoir la terre de Jacques le Sage fils ; et, d'autant que la veuve de feu Yérome le Sage est demeurée insolvable par la privation de sa jouissance du bien de feu son mari, dont Jacques le Sage, son fils, en loy, est actuellement en possession. Les délibérants ont consenti qu'elle soit déchargée de la somme de vingt livres.

Fait et arrêté ce-jourd'hui, dimanche, à l'issue de la messe paroissiale, le 27 février 1728, en présence de François Rault, de Saint-Aubin, et de Maistre André Gaubert, d'Échauffour, témoingt, qui ont signé avec les délibérants.

Suivent les signatures de :

Marin AVENANT, Louis GERARD, Jacques LETELLIER, Pierre LETELLIER, A. GAUBERT, etc., etc.

L'église de Pomont est interdite.

On était en 1741.

Depuis longtemps les généreux fondateurs de l'église avaient disparu.

Le droit de présentation était passé à des étrangers qui oublièrent facilement la protection qu'ils devaient à Pomont.

Aux fêtes carillonnées cependant, ils parurent aux offices, acceptèrent volontiers les honneurs dus à leurs dignités, mais négligèrent d'offrir, en souvenir de leur passage, ce don que le pauvre attend du riche.

Les villageois, épuisés par les dîmes, refusèrent leur superflu à la maison de Dieu.

Chaque année, il est vrai, la location des bancs produisait quelques ressources ; mais le trésor pouvait-il subvenir aux besoins du culte et à l'entretien de l'édifice ?

L'église tomba bientôt en ruines et devint un

réel danger pour les fidèles. M. l'Archidiacre, au nom de Mgr l'évêque de Lisieux, réclama des réparations et défendit l'entrée du temple.

Pendant neuf mois environ — du 5 novembre 1741 au 2 août 1742 — Me Boscher se rendit, chaque jour, à Saint-Aubin-sur-Cisay, pour remplir ses fonctions curiales.

Le 15 août 1742, jour de l'Assomption de la Sainte Vierge, l'église était rendue au culte.

Les habitants de Pomont n'oublièrent jamais les dépenses imposées à leur modeste revenu pour la restauration de l'église ; aussi, lorsque la Révolution dépouilla le clergé de ses biens (1), ils abandonnèrent volontiers leur paroisse pour se réunir à celle de Cisay.

Leurs vœux furent exaucés en 1807, à une condition cependant qu'ils acceptèrent avec empressement : ils s'engagèrent à participer, selon leurs ressources, à l'entretien du presbytère et de l'église de leur paroisse adoptive (2).

---

(1) L'église et le presbytère de Pomont appartiennent aujourd'hui à Mme Vve Bellencontre, née Lautour, d'Argentan.

(2) Le 12 mai 1810, M. Charpentier fait observer au conseil municipal qu'il a laissé la somme de 17 fr. 77 entre les mains du receveur pour subvenir aux réparations extérieures de l'église et du presbytère de Cisay.

CHAPITRE III

Patrons-présentateurs. — Curés de la paroisse.

Si le nombre des paroisses était considérable avant la Révolution, les prêtres étaient plus nombreux encore.

Aussi, le jeune clerc, après son ordination, rentrait dans sa famille et attendait qu'une place lui fût proposée.

Le curé choisissait son vicaire.

Dans plusieurs paroisses, le seigneur du lieu ou du château voisin nommait à la cure le prêtre qui devait la desservir, et prenait le titre de patron-présentateur.

Le curé qui possédait un bénéfice était inamovible.

Ces notions étaient nécessaires pour comprendre le rôle que remplissait le châtelain dans une paroisse et la situation du clergé à l'époque que nous décrivons.

Liste des Patrons-Présentateurs, depuis 1693, pour la paroisse de Pomont.

1° M° François DU VALPOUTREL (1), chevalier, seigneur et patron de Pomont, 1693.

2° M° Léonor DU VALPOUTREL, escuyer, 1697.

3° Haute et puissante Dame Anne-Dorothée DU BUAT, veuve de haut et puissant seigneur M° Gaspard le Gris, 1704.

4° M° Michel DE RONCHEROLLES, 1713.

5° M° Claude-Sibille-Thomas-Gaspard-Nicolas-Dorothée DE RONCHEROLLES, marquis de Roncherolles, comte de Cisay, lieutenant-général des armées du roy, chevalier de l'ordre royal et militaire de Saint-Louis, demeurant à Paris, rue de l'Université, paroisse de Saint-Sulpice, 1768.

Noms des Prêtres-Curés de Pomont, depuis 1693.

Jacques LEVESQUE. . .	de	à 1693
Jacques PINCHON . . .	1693	— 1695
Guillaume HERSENT . .	1695	— 1697
Jacques ANFRIE. . . .	1697	— 1704
Jacques GRILLON . . .	1704	— 1713
Louis GÉRARD	1713	— 1726
André LAISNÉ	1726	— 1729

(1) La gentilhommière du Valpoutrel, située sur la commune de Cisay, appartient aujourd'hui à M°° Bigot-Pont-Ménil, d'Alençon.

Guillaume Boscher . .   1729 à 1768
Jean Ganier . . . . .   1768 — 1792

Jean Ganier.

Jean Ganier était né à Familly, vers 1729. Son
père, le 12 février 1752, constitua en sa faveur une
rente de 150 livres pour lui permettre de parvenir
aux Ordres sacrés.

Après son ordination, il fut nommé vicaire de
Cisay.

Le 17 juin 1768, il devenait curé de Pomont.

M. l'abbé Piel, curé de Mesnil-Mauger, a con-
sacré cette note à M⁰ Ganier, dans les insinuations
ecclésiastiques du diocèse de Lisieux : « Mᵣ Ganier,
originaire de Familly, prêta le serment schismatique et resta curé constitutionnel de Pomont ; il
fut même nommé officier public de la commune. Il
remplit encore ces dernières fonctions après qu'il
eut cessé ses fonctions ecclésiastiques en l'an II.
Mais il ne tarda pas à disparaître complètement. Il
fut le dernier curé de Pomont. On nous a affirmé
qu'il avait rétracté son serment et s'était exilé. »

Ce récit est en partie inexact.

M. Ganier, en effet, conseillé par ses paroissiens,
qui l'aimaient comme un père, de prêter le serment
à la constitution civile du clergé, eut la faiblesse de
céder à leurs désirs.

Le souvenir de cette faute altéra sa santé et le

conduisit, en quelques mois, aux portes du tombeau.

Après s'être réconcilié avec Dieu, il mourut dans le presbytère de Pomont, le **28 Thermidor an III** de la République, ainsi que l'atteste l'acte de son décès que nous reproduisons ici :

Aujourd'huy, 29 Thermidor an troisième de la République française, une et indivisible, à six heures du matin, par-devant nous, Clément le Sage, membre du conseil général de la commune de Posmont, département de l'Orne, élu le 13 Nivôse pour recevoir les actes destinés à constater les naissances, mariages et décès des citoyens, est comparue en la maison commune Anne Besliard, de la commune de Cisay, âgée de 34 ans, laquelle assistée de Marie Lenormand, de la commune de Cisay, âgée de 56 ans, et de Marie Gonor, de celle de Posmont, âgée de 39 ans, laquelle m'a déclaré que Jean Ganier, ci-devant curé de la dite commune, âgé de 65 ans, est décédé d'hier, viron dix heures du soir, en la maison ci-devant presbytérale du dit lieu.

Ont signé : Marie GONOR, Anne BESLIARD, Marie NORMAND et Clément LE SAGE.

CLÉMENT LE SAGE

Me Clément le Sage était natif de Pomont, où ses arrière-petits-neveux existent encore.

Il fut vicaire de Saint-André d'Échauffour jusqu'au 19 mai 1786, époque où Messire Claude-René Cordier de Montreuil le nomma à la cure de Saint-Martin d'Échaumesnil.

« En 1791, il prêta le serment schismatique et

resta curé constitutionnel d'Échaumesnil. Il remplit les fonctions curiales jusqu'en l'an II. A cette époque, il se retira et ne reparut que le 1ᵉʳ avril 1795. Il fit des baptêmes et des mariages dans la paroisse jusqu'au 12 décembre 1802, comme ses registres en font foi. Au moment du Concordat, il quitta Échaumesnil, et nous ne retrouvons plus son nom (1). »

Charles Letellier

Mᵉ Charles Letellier, prêtre originaire de Pomont, préféra l'exil au serment que réclamait de lui la Constitution.

Ses biens furent vendus : ils se composaient de trois herbages d'une contenance de trois acres et demi environ.

L'un des herbages s'appelait le Parc-Fayel et était borné par le chemin de la Bevinière à Échauffour d'un côté, et de l'autre par celui de la Bevinière au Buisson.

Le citoyen Pierre Mercier accepta cette modeste propriété pour la somme de 3,900 livres.

(1) Insinuations ecclésiastiques du diocèse de Lisieux.

CHAPITRE IV

La Sieurie du Framboisier. — Autres familles de Pomont.

Sur les bords d'un limpide ruisseau à la lisière des bois d'Échauffour et à quelque distance du hameau de Pomont s'élevait, il y a un siècle à peine, une maison rustique. Des arbres séculaires ombrageaient son toit de chaume ; quelques massifs de verdure encadraient la porte et les fenêtres et donnaient à cette humble habitation un aspect gai et riant (1).

C'est là qu'habita, pendant plusieurs générations, la famille le Carbonnier.

Le Carbonnier — le premier de ce nom — avait suivi quelque puissant seigneur dans une guerre périlleuse, l'avait secondé de tout son pouvoir et en avait reçu, avec la sieurie du Framboisier, le titre d'écuyer qu'il pouvait transmettre à tous ses descendants.

(1) L'habitation de M⁰ Le Carbonnier, aujourd'hui convertie en pressoir, est située près de la demeure de M. Gustave Lesage.

Généalogie de la famille Le Carbonnier, depuis 1662.

I. — GASPARD LE CARBONNIER.

Vers 1660, Gaspard le Carbonnier, écuyer, sieur du Framboisier, épousa noble damoiselle Marie Le Comte.

Deux fils naquirent de ce mariage :

1° François LE CARBONNIER, le 1ᵉʳ janvier 1662.

2° Marin LE CARBONNIER, le 2 août 1663.

II. — FRANÇOIS LE CARBONNIER.

François Le Carbonnier, écuyer, sieur du Framboisier, épousa, vers 1706, noble damoiselle Françoise du Hamel.

Il eut neuf enfants :

1° Marie LE CARBONNIER. Elle fut baptisée le 3 juin 1707. Son parrain était Mᵉ Charles Le Cerf, sieur de Boulogne, de la paroisse de la Trinité-des-Lettiers, et sa marraine, Marie-Charlotte de Barville du Breuil, de la paroisse de Saint-Aubin. Le 29 mars 1726 elle épousait Simon Avenant, de la paroisse de Pomont.

2° Françoise LE CARBONNIER, née le 1ᵉʳ septembre 1708 (1) et inhumée le 2 juillet 1712.

---

(1) Elle eut pour parrain et marraine : Mᵉ Louis Gérard, curé de Posmont, et damoiselle Marie-Magdeleine du Hamel, de la paroisse du Tilleul.

Intérieur de la gentilhommière du Framboisier.

3° Dorothée le Carbonnier, inhumée le 16 avril 1710.

4° Louise le Carbonnier. Elle fut baptisée le 1er novembre 1710 et tenue sur les fonts baptismaux en qualité de parrain et de marraine par M. Louis David, prêtre, curé de Saint-André d'Échauffour, et damoiselle Anne du Hamel.

5° François le Carbonnier, écuyer, sieur du Framboisier. Il fut baptisé le 3 août 1714 et eut pour parrain et marraine : Me François Froger, vicomte et baillif d'Échauffour, lieutenant des eaux et forêts, de Saint-Évroult, de la paroisse de Notre-Dame-du-Bois, et damoiselle Jeanne Duvalpoutrel, de la paroisse de Saint-Hilaire-sur-Rille.

6° Françoise le Carbonnier, baptisée le 21 août 1715. Son parrain était Pierre Foucault, sieur des Parcs, de la paroisse de la Gonfrière, et sa marraine noble dame d'Orgères, Françoise de Nollet.

7° Louis le Carbonnier, écuyer, fut baptisé le 4 mars 1717 et fut tenu sur les fonts baptismaux, en qualité de parrain et de marraine, par Me Louis Gérard, curé de Posmont, et damoiselle Marie Le Carbonnier, sa sœur. Il épousa noble dame Jeanne-Thérèse Le Grix et eut un fils, le 9 avril 1755, Me Louis-François-César (1), qui émigra pendant la Révolution.

(1) Louis-François-César eut pour parrain et marraine, le 10 septembre 1755, Me Philippe-César Le Grix et dame Françoise du Hamel, sa grand'mère.

8° Françoise-Anne LE CARBONNIER. Elle fut baptisée le 20 juillet 1721 et eut pour parrain et marraine Jean du Valpoutrel, écuyer, de la paroisse de Montfort, et damoiselle Louise Poirier, de la paroisse de la Trinité-des-Lettiers.

9° Jacques-Philippe. Il fut baptisé le 6 février 1724. Le parrain était Jacques-Philippe de Brucourt, écuyer, sieur de la Motte, de la paroisse de Saint-Pierre-de-Cercueil, et la marraine Jeanne Cheron, de la paroisse de Saint-Aubin.

Le 15 janvier 1745 mourut Mᵉ François le Carbonnier, écuyer, âgé de 83 ans et 15 jours. Noble dame, Françoise du Hamel, son épouse, fut inhumée le 5 février 1763, à l'âge d'environ 80 ans.

III. — FRANÇOIS LE CARBONNIER.

François le Carbonnier, écuyer, le cinquième enfant de la famille et l'aîné de ses frères, hérita du patrimoine paternel.

Il épousa noble damoiselle Marie de la Rouveraie, de la paroisse de Notre-Dame de Touquette.

Les anciens nous ont affirmé avoir entendu dire que cette famille vivait heureuse et paisible au manoir du Framboisier.

Mᵉ François le Carbonnier, en effet, aimait tendrement sa femme.

Noble dame Marie de la Rouveraie ne vivait que pour son époux.

Quand les travaux de la journée étaient terminés, après le repas du soir, François allait s'asseoir auprès de sa femme sur le seuil de la maison et l'un et l'autre s'entretenaient du passé : ils parlaient de ceux qu'ils avaient aimés et perdus ; ils se redisaient la naïve et pure affection qui les avait rapprochés et unis pour jamais.

Lorsque les ombres de la nuit étaient descendues dans la vallée, l'heure était venue de se retirer. Alors, les deux époux rentraient dans leur demeure et s'agenouillaient devant un grand Christ, noirci par le temps et la fumée.

Ainsi s'écoulait, pieuse, douce et calme, la vie de ces deux créatures privilégiées. Dieu cependant leur avait envoyé une grande affliction en les privant de postérité.

Noble dame Marie de la Rouveraie fut inhumée dans le cimetière de Pomont, le 11 avril 1781, en présence de Me J.-B. Coignard, curé d'Échauffour, de Me A.-M. Gontier, curé de Saint-Aubin-près-Cizay, de Me E. Aubey de la Noe et de Me J. Ganier, vicaires de Cisay. Elle avait 62 ans environ.

Me François le Carbonnier, le dernier de ce nom, mourut l'an III de la République.

M. Louis-César le Carbonnier, neveu et principal héritier du défunt, avait émigré. La nation réclama ses biens.

Le 17 fructidor, les citoyens Fournier, maire de Pomont, Charpentier, procureur de la commune, et

Avenant, conseiller municipal, se transportèrent en la maison et dernier domicile de feu le citoyen

Mᵉ Louis-César Le Carbonnier, écuyer, évite, pendant la nuit, une patrouille des soldats de la République.

François le Carbonnier pour apposer les scellés et faire un inventaire des meubles.

Le procès-verbal, rédigé par les officiers municipaux, nous fait connaître jusqu'au moindre détail

le mobilier d'un gentilhomme, à la fin du
xviiie siècle.

Nous y lisons :

... Après avoir renfermé dans les armoires et caisses
fermant à clef les meubles qu'elles ont pu contenir et avoir
apposé le cachet de la municipalité, nous avons laissé à la
garde de Marie Gaulard, domestique, les meubles qui suivent.
Savoir :

Dans la cuisine. — Une crémaillère ; trois landiers en
fer ; deux pelles à feu ; deux pincettes ; un gril ; une cham-
brière ; un tourne-broche en fer et une broche à rôtir ; deux
poêles à frire ; un poêlon de fer ; trois marmites de fonte ;
une casserole en fer-blanc ; un plat à barbe en faïence ; un
réchaud en cuivre ; six plats de faïence ; vingt-trois assiettes ;
un saladier ; une cuillère en faïence ; un huilier en faïence ;
une écumoire en fer-blanc ; une bouteille en verre ; un garde-
manger ; deux salières en cristal ; un fer à repasser ; un couvert
en fer-blanc ; une horloge ; un fusil ; deux seaux à mettre de
l'eau ; deux chevrettes à potage ; deux bouteilles en faïence à
tirer le poiré ; une hache ; deux mauvaises serpes ; une houe ;
une mauvaise bêche ; un petit chaudron en fer ; un chande-
lier en cuivre ; un mauvais buffet servant à mettre du lait ;
un autre buffet avec un dressoir dessus ; cinq verres ; neuf
cuillères d'étain ; huit fourchettes de fer ; une table en bois
de sapin et chêne ; sept mauvaises chaises ; deux mauvais
fauteuils en bois dont l'un avec un oreiller ; un rideau en
toile blanche ; un lit composé d'une couche, une paillasse,
un lit de plume, un matelas, deux traversins, un petit
oreiller, une couverture de laine et une courtepointe avec
des rideaux et vergettes ; un mauvais soufflet.

Dans la salle voisine de la cuisine. — Un lit composé
d'une couche, une paillasse, un lit de plume, un traversin,

une mauvaise couverture avec ses rideaux ; un pannier à salade ; deux mauvaises tables ; une mauvaise saunière ; une armoire en sapin ; un coffre en bois de chêne qui est scellé ; un dévidoir ; une petite glace.

Dans un cabinet où couche la servante. — Un lit composé d'une couche, une paillasse, un mauvais lit de plume, un traversin, une mauvaise couverture de laine ; un coffre en bois de chêne que la servante a déclaré lui appartenir ainsi qu'un rouet à filer.

Dans le grenier. — Un mauvais coffre en bois de chêne ; cinq douzaines de mauvais cercles ; environ cinq boisseaux de cendre, treize draps sales ; huit chemises à usage d'homme ; un bonnet de coton ; quatre draps dans les deux lits de la chambre et du cabinet ; deux autres draps ; une serviette ; deux nappes ; environ 60 bottes de foin.

Dans la cave. — Deux pipes à cidre, dont l'une appartient à la veuve Avenant marquée avec un couteau ; un poinçon ; un quart ; une pipe dans la salle ; une pipe dans la cave de Jacques Mercier. Sur la cave et sur l'étable environ trois cents de foin.

Dans la cour. — Une vache rouge à tête blanche. Un génisson venant à deux ans, qu'on nous a déclaré être chez le citoyen la Rouveraye, à Touquettes, quatre poules.

Sur la demande de Jacques-Philippe le Carbonnier, demeurant à Lisieux, Louise Berthelot, veuve de Simon Avenant fils, Marie-Louise-Sophie-Thérèse-Françoise le Carbonnier, émancipée, et Louis-René le Carbonnier, demeurant en la commune de Pont-l'Évêque, héritiers du défunt, l'Administration du district de Laigle autorise, le **23** Vendémiaire

de l'an IV, la municipalité de Pomont à lever les
scellés et à remettre aux ayants droit la part qui
leur revient de l'héritage de feu François le Carbonnier.

Autres familles de Pomont.

A la fin du xviiie siècle, Pomont comptait 130 habitants environ, dont nous citerons quelques noms
avec le métier qu'ils exerçaient :

Clément LE SAGE, laboureur.

Jean TAMPIER, journalier.

François MERCIER, journalier.

François DAVID, toilier ou tisserand.

Pierre LOURY, marchand de vaches.

Pierre TIPHAINE, journalier.

Marie RAULT, fileuse.

Guillaume-Adrien CHARPENTIER, marchand de
vaches.

Jean FOURNIER, couvreur en paille.

Marie LETELLIER, fileuse.

Jacques RAULT père, filassier.

Jacques RAULT fils, filassier.

Charles RAULT, leignotier ou peigneur de lin.

Étienne MASSON, marchand de vaches et bou-
langer.

Jacques LETELLIER, laboureur.

Nicolas AVENANT, laboureur.

François BRIÈRE, domestique.

Charles Letellier, laboureur.
Pierre Fournier, marchand de vaches.
Madeleine Rault, sage-femme.
Marie Deux, domestique.
Simon Avenant, laboureur.
Catherine Letellier, fileuse.
Thérèse Duboc, sage-femme et fileuse.
Louise Pretrel, fileuse.
Jacques Charpentier, propriétaire.
Françoise-Marie-Jeanne Basset, fileuse.
Louis Basset, charpentier.
Jean Lemercier, journalier.
Jacques Boscher, marchand de toile, etc., etc...

———————

CHAPITRE V

Pomont pendant la Révolution.
Sa réunion à Cisay.

Les habitants de Pomont accueillirent le nouveau régime avec indifférence : le curé de la paroisse était pauvre et les rares privilèges dont jouissait le gentilhomme n'excitaient pas la convoitise.

Ils subirent donc la Révolution plutôt qu'ils ne la réclamèrent, acceptèrent ses lois, contraires ou favorables à leurs intérêts, et les exécutèrent avec la bonne volonté dont ils étaient capables.

Formation de la Municipalité.

Cependant, le décret de l'Assemblée nationale qui réclamait la formation des municipalités fut reçu avec empressement.

Les fonctions de maire, procureur de la commune et officier municipal étaient des charges peu lucratives, il est vrai, souvent ennuyeuses, mais elles donnaient quelque importance aux élus de la population. Pour ce motif, elles étaient recherchées.

Mᵉ Jean Ganier monte en chaire et prête serment.

Le 7 février 1790, qui était un dimanche, à l'issue des vêpres, l'assemblée des citoyens actifs de la paroisse de Pomont nomma Jean Fournier, couvreur en paille, maire de la commune.

La joie fut de courte durée.

Lois contre les prêtres et les émigrés.

La municipalité était à peine constituée qu'elle reçut l'ordre de poursuivre le clergé et la noblesse.

M° Jean Ganier, curé de Pomont, prêta le serment schismatique : cette infidélité lui procura un repos relatif.

M° Charles Letellier, prêtre, enfant de la paroisse, refusa d'obéir à une loi que réprouvait sa conscience : ses biens furent vendus.

M° Louis-César le Carbonnier, écuyer, resta fidèle à la royauté : il fut privé de l'héritage de ses parents.

Le Bois de Bourdaine.

Le bois de Bourdaine, soustrait à ses maîtres légitimes, devint bientôt national et fut vendu au profit de l'État. La municipalité l'adjugea, l'an IV de la République, au citoyen Jacques Charpentier pour le prix de 230 livres : cette somme fut versée dans la caisse du district de Laigle.

Vol.

Quelques jours après, Guillaume Charpentier réclama l'assistance de la municipalité pour un vol commis à son préjudice, le 24 Nivôse an IV.

Le soir de la messe de minuit, en effet, un malfaiteur resté inconnu s'était introduit dans le domicile du citoyen Guillaume Charpentier, et pendant son absence lui avait enlevé « 20 livres de fil de chanvre, un drap de toile neuve, un pichet de zinc, 7 chemises dont une à femme, 3 mouchoirs, 30 livres de pain de blé et un gigot de mouton de 7 livres ».

Il faut croire que Guillaume Charpentier voulait célébrer joyeusement la fête de Noël. Peut-être avait-il assisté à la messe, pendant la nuit, dans quelque grange isolée.

Garde nationale.

Pendant que les jeunes gens étaient enrôlés sous les drapeaux et défendaient, au prix de leur sang, les frontières menacées par l'ennemi, les pères de famille s'exerçaient dans la garde nationale établie dans chaque commune pour maintenir l'ordre à l'intérieur.

Le 25 Messidor an VIII, tous les citoyens de Pomont attachés à la garde nationale se rendirent à Échauffour, sous la conduite de Guillaume Charpentier, maire, pour solenniser la fête de la République avec les citoyens de la susdite commune.

Le 10 août 1815, M. le Sous-Préfet d'Argentan donne à M. Charpentier, maire de Pomont, l'ordre de désarmer ses administrés.

Les Armées de la République.

Non content d'appeler tous les hommes valides sous les armes, le Gouvernement national réclamait encore des habitants toutes les ressources nécessaires à l'entretien des troupes.

Ces réquisitions continuelles découragèrent nos villageois et, le **20 Messidor an VIII**, Clément le Sage préféra sa tranquillité aux fonctions d'adjoint.

Les registres de la municipalité nous font connaître tous les sacrifices imposés aux habitants de Pomont, à cette époque malheureuse.

Nous y lisons :

— Le 12 Germinal an IV, sont obligés de fournir 50 bottes de foin pour l'approvisionnement des armées des côtes de Cherbourg :

Nicolas Letellier,
Julien David,
Nicolas Avenant,
François Dutertre.

— Fourniront une jument et aideront à conduire le foin

aux magasins militaires de Séez, le 15 Germinal an IV :

Pierre LE MERCIER,

Clément LE SAGE,

Charles LE TELLIER.

— Reçoivent l'ordre de conduire à Alençon dans le délai de trois jours à partir du 24 Prairial an IV, sur la place d'Alençon, pour les besoins de l'armée :

Pierre LEMERCIER : 2 quintaux de foin et un quintal d'avoine ;

Julien DAVID : 1 quintal de foin ;

Clément LE SAGE : un quintal d'avoine ;

Nicolas AVENANT : 2 quintaux de foin ;

Clément LE SAGE : 1 quintal 50 livres de foin ou sainfoin ;

Pierre LEMERCIER : 5 quintaux de foin ;

Charles RAULT : 50 livres de foin ;

Octave-Simon AVENANT : un quintal de foin ;

Jean FOURNIER : 50 livres de foin ;

Charles LETELLIER : 1 quintal de foin ;

Julien DAVID : 1 quintal de foin (17 Fructidor) ;

LECESNE : 1 quintal de foin (17 Fructidor).

— Ordre est donné de fournir pour aider au logement des troupes de Gacé :

Pierre MERCIER : une couverture ;

Clment LE SAGE : une couverture ;

DUVALDESTIN : une paire de draps.

Le 28 Ventôse an V.

— Le 13 Brumaire an VIII, Nicolas AVENANT et Charles LETELLIER sont réquisitionnés pour un cheval de trait destiné à conduire à Berney les effets de la 5e Compagnie du 4e Régiment de Dragons.

— Le 4 Pluviôse an VIII, Clément LE SAGE et Pierre MERCIER reçoivent l'ordre de fournir quatre rasières d'avoine pour la nourriture des chevaux de cavalerie stationnés à Gacé.

— Le 1er Germinal an VIII, Nicolas LETELLIER, Jacques

Fournier et François Dutertre sont tenus de fournir chacun trente francs pour aider Pierre Mercier à payer une somme de 250 livres, pour moitié d'un cheval que la commune de Pomont doit fournir en vertu d'un arrêté de l'administration du canton de Gacé.

— Le 30 décembre 1813, par ordre de Sa Majesté Impériale, Pierre Mercier est mandé de conduire ses chevaux ou juments sur la grande place de Gacé, le 1er janvier prochain, à 9 heures précises du matin.

— Le 9 avril 1814, Pierre Mercier reçoit l'ordre de se rendre à Séez avec une voiture et trois chevaux.

— Le même jour Jacques Fournier est commandé de seconder Pierre Mercier avec une jument.

— Le 18 mai 1814, avis est donné à Pierre Mercier de fournir, le lendemain, à 4 heures précises du matin, 2 chevaux de trait ou de limon pour aider à conduire les équipages de la troupe.

— Le même jour, Charles Letellier doit tenir une jument de trait prête pour le même usage et à la même heure.

— Le même jour, Jean Tempier refuse un cheval de trait. Adrien Roussel consent à prendre la place du voisin récalcitrant.

Hôtel des Invalides.

Les soldats malades ou mutilés, débris de nos armées, avaient été réunis à l'hôtel des Invalides où ils recevaient les soins que leurs blessures avaient rendus nécessaires. Des secours furent demandés au pays : la commune de Pomont répondit à cet appel, le 13 mai 1814, et envoya la somme de 59 francs à l'administration civile.

Autres réquisitions.

Gacé tomba dans la détresse, du 7 au 17 Vendémiaire an IV. Nos villageois contribuèrent encore à l'approvisionnement de la halle, ainsi que le constatent les registres municipaux :

Ordre a été donné par écrit de porter à la halle, tous les jours de marché :

Guillaume CHARPENTIER : un quintal 50 livres de bled et 60 livres d'avoine ;

Pierre MERCIER : 60 livres d'avoine ;

Clément LE SAGE : un quintal 60 livres de bled et 75 livres d'avoine.

Adrien CHARPENTIER : un quintal 50 livres de bled et 75 livres d'avoine.

Chemins vicinaux.

Après les voyages continuels dont nous avons été témoins, il est facile de comprendre l'état lamentable où étaient réduits les chemins de la localité.

La route du Sap à Échauffour était surtout fréquentée. Les habitants résolurent de la réparer : 50 voitures de pierres furent aussitôt votées par la municipalité, le 12 mai 1810.

Le 5 octobre de la même année, « sont requis, au nom de la loi, pour la réparation du chemin susdit, tous les propriétaires ou fermiers possédant chevaux et voitures ».

Voici quelques noms de ces ouvriers volontaires :

Le sieur Gerard	1	banneau.
Charles Letellier	3	—
Le sieur Duroy.	2	—
Jacques Letellier	1	--
André Bazire.	1	—
Jean Duvaldestin	2	—
Clément le Sage.	4	mètres.
François Dutertre.	1/2	banneau.
Jacques Letellier	1/2	—
André Chemin	1/2	—
Pierre Lemercier.	2	--
François Letellier.	1	—
Louis Gendrait	1	—
Jacques Fournier.	1	—
Le sieur Lalande.	1	—
La dame Buisson.	1	—
Le sieur Leboulanger	1	—
André Buisson	1	—
François Desbuard	1	—

Recouvrement de l'impôt.

Au commencement du xix siècle, la municipalité
était chargée de la perception des impôts : elle
confiait cet emploi à un contribuable intelligent et
honnête.

L'an X, le recouvrement de l'impôt fut confié à
Pierre Mercier, avec une gratification de « cinq
centimes par livre ».

L'an XI, Pierre Duvaldestin remplit les fonctions
de percepteur, au prix fixé par la loi.

Le 18 Vendémiaire an XIII, il obtenait pour successeur le sieur Gâteclou, percepteur à vie de la commune de Cisay.

Maires et municipalité de Pomont.

Trois hommes seulement ont rempli les fonctions de maire pour la commune de Pomont :

Jean Fournier	1790 — an IV
Guillaume Charpentier . .	an IV — 1816
Clément le Sage	1816 — 1821

Le 20 Messidor an VIII, Guillaume Charpentier, élu maire, jure d'être fidèle à la Constitution, d'accepter de cœur les fonctions de maire et de s'en acquitter avec zèle.

En 1811, sont élus conseillers municipaux :

Jean-François Edet ;

Charles Letellier ;

Jean Fournier ;

Jacques Letellier ;

Jacques Charpentier ;

François Mary ;

Pierre Lalande ;

Julien David ;

Jacques Fournier ;

Guillaume Charpentier.

Réunis à la maison commune, le 5 octobre

1814, ils promirent obéissance et fidélité au roi Louis XVIII.

Voici la formule du serment : « Je jure et promets à Dieu de garder obéissance et fidélité au roy, de n'avoir aucune intelligence, de n'assister à aucun conseil, de n'entretenir aucune ligue qui seraient contraires à son autorité ; et si dans le ressort de mes fonctions ou ailleurs j'apprenais qu'il se trame quelque chose à son préjudice, je le ferais immédiatement connaître au roy. »

Le 3 octobre 1821, Clément le Sage fut réélu maire de Pomont. M. Jacques Dupont, maire de Saint-Évroult-Notre-Dame-du-Bois, procéda à son installation, au nom et sur la demande de M. le comte de Chambray, sous-préfet d'Argentan.

Cette cérémonie se termina aux cris répétés de « Vive le Roy, vive la famille royale, vivent les Bourbons », proférés par toutes les personnes réunies dans la salle du dit lieu.

Réunion de Pomont à Cisay.

La paix était rendue à la France.

Les habitants de Pomont regrettèrent un instant la perte de leur église et réclamèrent avec instance les biens de la cure.

Mais les guerres continuelles avaient décimé nos villageois et épuisé leurs ressources : ils abandonnèrent bientôt leur généreux projet.

Déjà, le 11 mai 1811, Guillaume Charpentier, maire, témoin de l'impuissance de ses administrés, avait convoqué son conseil municipal et demandé son avis.

Le lendemain, M. le Préfet de l'Orne recevait la lettre suivante :

Le 11 mai 1811, le conseil municipal de la commune de Pomont, délibérant sur la réunion des petites communes aux grandes, croit que la commune, n'ayant plus que 120 à 130 personnes et n'ayant plus d'église, ne peut plus subsister, — que depuis quatre ans et plus elle est réunie à la paroisse de Cisay, — qu'elle n'a rien de mieux à faire que de se réunir à cette dernière commune pour le civil, — que cette réunion est d'autant plus nécessaire que le maire de cette commune n'ayant plus nul endroit pour afficher et faire les publications nécessaires, les habitants ne peuvent être instruits de ce qui se passe, — que, sous tous les rapports, la commune de Cisay est celle qui lui convient le mieux ; ce que les dits membres ont signé avec nous.

Ch. TELLIER, Fr. LETELLIER, Jacques FOUR-
NIER, J. TELLIER, Jean FOURNIER, Jean EDET
et Guillaume CHARPENTIER, maire.

Les circonstances ne permirent pas au gouvernement impérial d'agréer immédiatement l'autorisation demandée.

Cependant la paroisse de Pomont avait disparu, la commune devait tôt ou tard subir le même sort.

Le 30 octobre 1821, les conseillers municipaux étaient encore assemblés et fêtaient joyeusement l'élection de leur maire, lorsque la nouvelle fatale se répandit : « Pomont est réuni à Cisay. »

MM. les membres du conseil avaient assisté à leur dernière séance.

Quelques jours après, la commune de Pomont n'était plus qu'un souvenir.

FIN

La Chapelle-Montligeon. — Imp. de N.-D. de Montligeon.